51
Lb 284.

AF243580

PROCÈS-VERBAL

DE CE QUI S'EST FAIT, DIT ET CHANTÉ

AU REPAS OFFERT PAR LES CHASSEURS

DE LA Iʳᵉ COMPAGNIE

DU 4ᶜ BATAILLON DE LA 10ᶜ LÉGION DE LA GARDE NATIONALE DE PARIS,

A LEURS OFFICIERS,

LE 30 OCTOBRE 1830.

L'an mil huit cent trente, le samedi trente octobre, les Chasseurs de la 1ʳᵉ Compagnie du 4ᵉ Bataillon de la 10ᵉ légion de la Garde nationale de Paris se sont réunis, au restaurant du *Veau qui tette*, dans un banquet qu'ils avaient offert à leurs Officiers. Le rendez-vous était pour cinq heures ; et, ce qui fait le plus grand honneur à la Compagnie, chacun a montré, dans cette circonstance, la même exactitude que s'il se fût agi de monter une garde ou de passer la revue du Roi. Le traiteur, bien qu'il soit Grenadier, n'avait pas été aussi scrupuleux observateur de l'heure militaire ; mais comme son dîner avait bonne mine, on ne lui tint pas rigueur, et l'on parut bien aise de se mettre à table, quoique l'heure fût passée.

La solennité s'ouvrait d'ailleurs sous les plus heureux auspices : à notre table et sous l'uniforme modeste de

Lb⁵¹ 284.

Chasseurs, on rencontrait tout ce qui peut faire le charme et la sécurité d'un banquet : des avocats et des avoués pour perpétuer la conversation; pour la santé des convives, des médecins habiles, dont l'un cachait avec soin une croix d'honneur bien acquise, que *le Moniteur* du lendemain ne devait pas permettre à sa modestie de dissimuler plus long-temps; des artistes, des chansonniers pour égayer le dessert, et jusques à des banquiers, pour nous cautionner au besoin auprès du restaurateur. Au milieu des Chasseurs de tous grades, brillait l'uniforme de quelques *Gardes à cheval* qui étaient venus fraterniser avec nous, comme pour prouver qu'à pied comme à cheval, sous l'épaulette de laine comme sous l'épaulette d'argent, les Gardes nationaux ne forment qu'une seule famille de citoyens unis dans un égal amour de la Patrie et de la Liberté.

M. Goussard, capitaine commandant, avait bien voulu accepter la présidence du banquet. Ce qui n'arrive pas toujours dans de plus graves assemblées; tout le monde était présent à l'ouverture de la séance, et dès les premiers momens, il s'établit un silence profond qui annonçait combien chaque Chasseur était attentif à son service; silence exemplaire que notre jeune et aimable capitaine en second, M. Barbier, s'estimerait heureux, disait-il, de rencontrer toujours dans nos rangs.

Détailler un menu peut bien être de quelque intérêt avant le dîner; mais après !.... Passons donc, et qu'il suffise de dire que chaque convive avait apporté un appétit consciencieux, et qu'il mettait à le satisfaire le plus honorable scrupule, tout en se livrant aux vives saillies d'une conversation animée.

Vint le dessert, et avec lui comme un redoublement de gaieté et d'abandon. Quoi qu'on en dise, on ne fraternise bien qu'avec le champagne : vin bienfaisant qui a fait plus de vrais amis que le *de Amicitiá* de Cicéron ! Vin créateur qui a inspiré plus de chefs-d'œuvre que le *Cours de littérature* de Laharpe ou l'*Art poétique* de Boileau, et qui eût mérité, par ses vertus, une exception aux lois fiscales des boissons, si un ministre des finances pouvait mettre quelque poésie dans un budget !

Le moment était venu où les conversations particulières devaient faire place à des sentimens communs, à une sympathie plus générale. M. Durieu, l'un des Commissaires du banquet, obtint la parole pour porter le premier toast. Ce ne pouvait être que la santé du Roi-citoyen, qui puise dans son amour pour la France un admirable instinct des vœux et des besoins du pays. Ce toast fut porté en ces termes :

« Au Roi ! Il a écrit sur nos drapeaux : *Liberté, Ordre* » *public.* Pour lui comme pour nous, que cette devise » soit toujours une vérité ! »

Après ce toast, qui a été accueilli par les cris de *vive le Roi ! vive la Liberté !* M. Ernest Dupuy, autre Commissaire, a proposé, en ces termes, la santé de notre vénérable général en chef Lafayette :

« A Lafayette ! Son passé, son présent sont garans » de notre avenir. »

Les cris de *vive Lafayette !* ont retenti dans toute la salle.

Un troisième Commissaire, M. Bauer :

« A nos Officiers et a nos Instructeurs ! Élus par » notre libre choix, ils ont su le justifier ! »

M. De Nion a pris ensuite la parole : « Messieurs, » a-t-il dit, notre Compagnie compte dans ses rangs un » grand nombre d'artistes non moins distingués par leurs » talens que par leur patriotisme. C'est une circonstance » qui nous fait à la fois trop d'honneur et trop de plaisir,

» pour que nous ne saisissions pas avec empressement
» l'occasion de nous en féliciter : A LA SANTÉ DES ARTISTES
» FRANÇAIS ! »

Ce toast a été accueilli avec enthousiasme.

M. Dehay, l'un de nos Officiers et de nos Instructeurs
les plus dévoués, se lève et dit : « Messieurs, vous avez
» porté à vos Officiers et Instructeurs un toast qui les a
» vivement touchés. Mais si nous vous avons appris quel-
» ques *à droite*, quelques *à gauche*, votre courage avait
» déjà prouvé que, sans *à gauche* et sans *à droite*, vous
» saviez marcher contre les Suisses et vaincre les troupes
» du despotisme. »

Plusieurs couplets ont été ensuite chantés par MM.
Bauer, Durandau, D'Ocagne, Génin, Louis Reybaud
et Durieu. L'une de ces chansons a donné à M. D'Ocagne
l'occasion de porter la santé de BÉRANGER, *notre poëte
national*. Ceux de ces couplets dont les auteurs font partie
de la Compagnie sont imprimés à la fin de ce Procès-
verbal comme pièces justificatives.

Aux refrains a succédé une scène des plus gaies, récitée
ou plutôt jouée par M. Victor Baltard, l'un de nos Sergens,
dont le sang-froid parfait au milieu des plus joyeuses
saillies a excité de bruyans éclats de rire.

Un sermon des plus édifians nous a été ensuite prêché
(c'est le mot) par M. Vuillemin, notre excellent Sergent-
Major. Quelques dévots de la Compagnie ont voulu le
comparer aux homélies de M. l'abbé Frayssinous ; mais
il a été unanimement reconnu qu'il n'y avait pas le moin-
dre rapport, ni pour le fond des idées, ni pour la forme
oratoire. Aussi nous ne voudrions pas répondre que ce
sermon valût jamais à M. Vuillemin les faveurs de la cour
de Rome, et que le Sergent-Major échangeât un jour son
shako de chasseur contre un chapeau de cardinal.

Une troisième scène, non moins amusante, a été chantée par M. D'Ocagne, et a excité de nombreux applaudissemens et des éclats de rire prolongés.

Il est à regretter que la nature de ces scènes, qui empruntent la plus grande partie de leur charme au talent mimique de ceux qui les ont récitées, ne permette pas de les reproduire ici; mais ceux qui les ont entendues en conserveront un très-agréable souvenir.

Là semblaient devoir se terminer les chansons et les joyeusetés, quand, pour dernière plaisanterie, M. Prestat, l'un de nos Officiers, a proposé de faire imprimer le procès-verbal de la séance, et de charger M. Durieu de sa rédaction. Celui-ci s'est levé pour faire là-dessus des observations fort sensées, mais il a été brusquement interrompu par une saillie de M. le lieutenant Fortuné Delavigne, qui appartient à une maison où l'esprit est une propriété de famille, et qui a pris sa part du patrimoine. Bref, on n'a pas voulu l'écouter; et sans qu'il ait pu dire si la chose lui convenait ou s'il convenait à la chose, il en est demeuré chargé.

Il était neuf heures : on s'est levé, et chacun regrettait de voir si tôt finir la séance. Mais M. Goussard s'est empressé de nous prévenir qu'elle n'était que suspendue; et ressaisissant le commandement, il nous a ordonné d'aller prendre position au *Café d'Orléans*, autour d'un bol de punch. Toujours prompts à obéir à la voix de notre Capitaine, nous nous sommes dirigés, en bon ordre, vers le Palais-Royal. Arrivés à l'une des portes du Louvre, la sentinelle nous a crié : *Qui vive !* Un mauvais plaisant a répondu : *Patrouille grise.* C'était une double erreur. La sentinelle l'a bien vu; et, en nous livrant passage, elle ne nous a pas dissimulé que la faction que nous venions de faire lui aurait mieux convenu que celle qu'elle faisait.

Le punch pris, on s'est séparé. . . . .

. . . . : . . . .

A ce moment, la tâche de l'historien paraît terminée. Il n'avait pas qualité pour suivre chacun dans la direction particulière qu'il avait jugé convenable de prendre. On a dit que la vie privée devait être murée : il est des circonstances où ce principe a besoin peut-être d'une application plus rigoureuse. Tout ce que le Rédacteur du présent procès-verbal peut assurer, après en avoir conféré avec le Sergent-Major, qui a garanti, sous sa responsabilité, l'exactitude de l'assertion; c'est que le lendemain dimanche, à huit heures du matin, tous les convives de la veille ont répondu *présent* à l'appel qui a été fait pour la revue du Roi.

Certifié le présent procès-verbal :

Les Commissaires du Banquet,

J. BAUER.
E. D'OCAGNE.
E. DUPUY.
J. DURANDAU.

Le Commissaire-Secrétaire, E. DURIEU.

PIÉCES JUSTIFICATIVES.

A LA GARDE NATIONALE DE PARIS.

Air : *Garde à vous !* (De la Fiancée.)

En avant ! (*bis*) milice citoyenne,
Reste, quoi qu'il advienne,
Fidèle à ton serment :
    En avant !
Dicté par la patrie,
A Philippe il te lie,
Et l'univers l'entend.
    En avant !

En avant ! (*bis*) sois notre Providence,
Le repos de la France
De toi seule dépend :
    En avant !
Au dedans vigilante,
De la ligue expirante,
Rends l'espoir impuissant.
    En avant !

En avant ! (*bis*) si l'Europe en alarmes
Menaçait de ses armes
Ton sol indépendant,
    En avant !
Par ta seule existence,
Que sa folle espérance
Rentre dans le néant.
    En avant !

En avant ! (*bis*) le Drapeau tricolore,
Nouveau phénix, encore
Reparaît triomphant ;
    En avant !
Qu'il soit, après l'orage,
L'impérissable gage
Du bonheur renaissant !
    En avant !

J. DURANDAU, Chasseur.

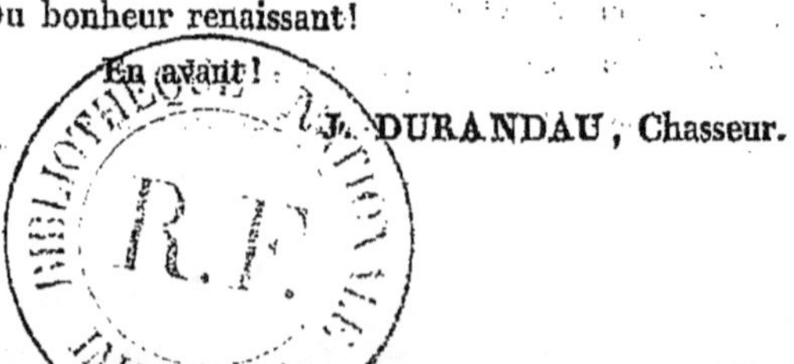
BIBLIOTHÈQUE NATIONALE
R. F.

COUPLETS.

Air du Carnaval.

Depuis quinze ans régnaient sur notre France
D'humbles valets soumis à l'étranger ;
La Liberté n'avait plus d'espérance,
Devant la thiare il fallait se courber:
La Charte enfin qu'on avait octroyée
Devint un jeu pour un jésuite-roi ;
Mais grâce à lui, la patrie est sauvée,
Le peuple est maître et réclame la loi.

Au loin déjà s'est enfui le parjure
Et des tyrans l'autel est renversé ;
Plus d'étranger, chacun de nous le jure,
S'il faut un roi, par nous qu'il soit nommé !
Ah ! d'Orléans ! des Français sois le père ;
Viens prendre place au rang des plus grands rois ;
Tu tiens tes droits du pouvoir populaire,
Le peuple est maître et soutiendra tes droits.

Ne craignons rien : les hordes étrangères
Ne viendront plus profaner nos tombeaux ;
Honneur à vous, ô mânes de nos frères !
Le monde entier finira vos travaux !
La Liberté proclame son empire,
Et sous ses lois chacun vient se ranger ;
Le peuple veut, la tyrannie expire,
L'indépendance a le droit de régner.

Rappelons-nous, citoyens militaires,
Que dans nos mains un contrat fut remis ;
Né sous le feu des balles meurtrières,
Il a lié la couronne au pays.
Nous sommes forts, la royauté nouvelle
Sur nous s'appuie et reconnaît nos lois ;
A son serment ce Roi sera fidèle,
Nous sommes peuple et défendrons ses droits.

Unissons-nous, et que le son du verre
Efface enfin nos tristes souvenirs;
Que de l'aï la liqueur toujours chère
Fasse renaître un instant les plaisirs.
Plus de soucis, et que la gaîté brille!
Ah! respectez ce toast par moi porté :
« A notre Prince, à sa noble Famille! »
Amis, c'est boire à notre liberté!

Joseph BAUER, Chasseur.

A BÉRANGER,

APRÈS LES JOURNÉES DE JUILLET.

Air du Carnaval.

La Liberté nous convoque à sa fête :
Tous ses enfans embrassent ses drapeaux;
O Béranger! toi notre vrai poëte,
Reprends ton luth : sors d'un trop long repos.
Tes refrains seuls nous disent notre histoire,
Et, même après les plus nobles combats,
Nous douterions, je crois, de notre gloire,
Si Béranger ne la célébrait pas.

Les fiers accens de notre Marseillaise
Du peuple encore ont ranimé la voix;
Mais il demande à ta muse française
Des chants nouveaux pour de nouveaux exploits.
Entends, entends la France qui te prie!
Quel citoyen, au sein de nos débats,
Reconnaîtrait l'appel de la patrie,
Si Béranger ne lui répondait pas?

Peins-nous surtout ce peuple magnanime
Par notre orgueil trop long-temps outragé :
En nous sauvant, son dévoûment sublime
De nos dédains l'a dignement vengé.

Mais que de sang a coûté la victoire !
Veuves, enfans , pleurant d'affreux trépas,
De ce grand jour maudiraient la mémoire,
Si Béranger ne les consolait pas.

D'un vers sanglant poursuis, sans faire grâce,
Ces rois déchus, ces courtisans pervers;
Va, ne crains pas d'outrager leur disgrâce :
La vertu seule ennoblit les revers.
Ces vils tyrans, dans leur fuite lointaine,
Par nous sauvés, malgré leurs attentats,
Croiraient, grands dieux ! avoir prescrit leur peine,
Si Béranger ne les flétrissait pas.

En d'autres temps, si ta muse attendrie
Nous fit pleurer l'oubli des trois couleurs,
En revoyant sa bannière chérie,
Le vieux soldat vient de sécher ses pleurs.
Quand tous les cœurs s'ouvrent à l'espérance,
Le monde entier; qui vers nous tend les bras,
Méconnaîtrait le drapeau de la France,
Si Béranger ne le saluait pas.

E. DURIEU, Chasseur.

HOMMAGE AU PEUPLE DE PARIS.

Air du Chant du départ.

Honneur à ton courage, ô peuple magnanime !
    A tes héroïques vertus !
De tes vils oppresseurs trop long-temps la victime,
    Tes droits enfin te sont rendus;
    Tu les as reconquis toi-même,
    Et la Liberté vient t'offrir
    De paix et d'un bonheur suprême
    Un brillant et long avenir.

Si la Liberté règne en France,
Français, si nos vœux sont remplis,

Gloire à jamais, reconnaissance
Aux braves Enfans de Paris !

Par des sermens sacrés trompant ta confiance,
    Et le ciel qui les entendit,
A tes vœux les plus chers on offrait l'espérance :
    Seul le parjure y répondit.
     Honte à jamais, honte au parjure !
     Honneur au peuple courageux,
     Qui sut repousser son injure
     Et rester calme et généreux !

     Si la Liberté, etc.

Recrutée en ton sein, une garde fidèle
    Assure à jamais ton repos ;
Dans les jours du danger tu peux compter sur elle :
    Reprends tes utiles travaux.
    Tu fis assez pour la Patrie ;
    Repose-toi, nous, nous veillons,
    Et sans retour la tyrannie
    Fuirait devant nos bataillons.

Si la Liberté, etc.

J. DURANDAU, Chasseur.

LES TOASTS.

CHANSON BACHIQUE ET PATRIOTIQUE.

Air : *Des frélons bravant la piqûre.*

Buvons aux Libertés fécondes !
Ce cri, gage de tous nos droits,
Trouve un écho dans les Deux-Mondes
Et devient la leçon des rois.
Versez donc le jus de la treille,
Chargez la coupe et l'emplissez.
Ah ! pour une santé pareille,
Pouvons-nous jamais (*bis*) boire assez (*ter*) ?   } *Bis en chœur.*

Buvons à ce Peuple sublime,
Par l'arbitraire soulevé,
Qui, dans son courroux légitime,
Brise un trône à coups de pavé.
Versez donc, etc.

Buvons au Monarque honnête homme!
Ce Roi, par le peuple adopté,
N'attend pas les ordres de Rome :
La Charte est une vérité.
Versez donc, etc.

Que l'on défonce une feuillette :
Allons, amis, verre en avant!
Buvons, buvons à LAFAYETTE,
Des libertés drapeau vivant.
Versez donc, etc.

Buvons au sort de la Patrie!
Dans nos mains est son avenir;
Fantassins et Cavalerie,
Rien ne pourra nous désunir.
Versez donc, etc.

Versez toujours!... Buvons encore
Au zèle de nos Officiers!
Sous la bannière tricolore,
Leurs soins enfantent des troupiers.
Tarissons toutes nos bouteilles,
     Versez, versez
     Et remplissez.....
Amis, pour des santés pareilles,
Pouvons-nous jamais (*bis*) boire assez (*ter*)?

EDMOND D'OCAGNE, Chasseur.

LE DIABLE.

(AOUT 1828.)

Air du Vaudeville du Méléagre champenois.

Que tout roussisse!
Que tout rôtisse!
Réveillez-vous! et chaud! chaud! ventrebleu!
Que tout roussisse!
Que tout rôtisse!
Soufflez, canaille, et faites-moi bon feu!

Ainsi chantait, en jurant comme un moine,
Le noir Satan à de gais diablotins,
Qui, fatigués de griller un chanoine,
Ronflaient, un soir, près des brasiers éteints.

Que tout roussisse! etc.

Corbleu! dit-il, partout la flamme est morte!
(Et son regard vient de la rallumer...)
Maudits vauriens, le diable vous emporte!
Je suis frileux, et je vais m'enrhumer.

Que tout roussisse! etc.

Près des bûchers qu'en Espagne on admire,
S'il faut aller me chauffer, cet hiver,
Vous sentez bien qu'au nez on va me rire,
Quand je dirai que l'on gèle en enfer.

Que tout roussisse! etc.

De ces fourneaux attisez bien la flamme:
Un vieux ministre est à ses derniers jours;
Et si plus tôt il n'a pas rendu l'ame,
C'est que pour rendre il batailla toujours.

Que tout roussisse! etc.

Pour un préfet quelle étrange disgrâce!
Chassé du ciel avec des ris moqueurs,
Chez les élus il n'obtient pas de place,
Pour avoir fait jadis trop d'électeurs.

    Que tout roussisse! etc.

Dieu soit loué! du sacerdoce en France
A commencé la persécution *.
Dans leur palais, deux martyrs d'importance
Sont morts hier d'une indigestion.

    Que tout roussisse! etc.

Oui, soyons gais! Jamais pour mon empire,
Dans le passé, de plus beaux jours n'ont lui !
On se sauvait jadis par le martyre ;
Par le martyre on se damne aujourd'hui.

    Que tout roussisse! etc..

Point de pitié pour les gens à soutane !
Embrochez bien tous les nouveau-venus.
D'un air suspect, j'en ai vu, Dieu me damne!
Rôder autour de mes diablotins nus!

    Que tout roussisse! etc.

Bref, par le feu si l'ame est épurée,
Quand vont venir maints députés ventrus,
Pairs bien dotés, courtisans en livrée,
Soufflez, enfans, et deux fagots de plus.

    Que tout roussisse! etc.

E. DURIEU, Chasseur.

* On se rappelle qu'à la publication des ordonnances du 21 avril et du 16 juin 1828, dirigées contre les Jésuites, nos évêques, si richement dotés par l'État, soutinrent sérieusement que l'Église de France était persécutée, et se proclamèrent martyrs.

AU CHASSEUR L' POMPON!

Air : *Amis , la matinée est belle.* (De la Muette de Portici.)

Chasseurs! qu'ici ma voix résonne,
Et qu'elle y trouve de l'écho!
Sans vouloir mépriser personne,
Répétons tous : Gloire au shako!
Si quelque rival s'en offusque,
  Qu'il l' dis' sans façon ;
Le Chasseur quelquefois est brusque,
  Quoique bon garçon ,
Mais à lui seul, à lui morbleu! l' pompon!

Grenadiers au bonnet d'oursine,
Cavaliers au beau fourniment,
Jeune artilleur qui se dessine,
Tout ça me fait suer vraiment.
Ces beaux messieurs, nos camarades,
  Qui nous trait' d' Lapons,
Moi je les appell' soldats d' parades ;
  Et puis j' leur réponds :
Pour la tenue, au Chasseur le pompon!

Qu'il faille encor livrer bataille
A ces Autrichiens de malheur ;
On verra si c'est à la taille
Que se mesure la valeur.
Si Montmartre annonçait la lutte
  Au bruit du canon,
Nos Chasseurs franchiraient sa butte
  Serrés en p'loton :
Là comme ailleurs pour eux serait l' pompon!

Si le gouvernement s'embrouille,
Nous, pour le tirer d'embarras,

Dans Paris nous faisons patrouille
Et nous le sauvons l'arme au bras.
Quand gronde le flot populaire
    Autour d'un' prison,
Pour opposer à sa colère
    Vigueur et raison,
Au pur Chasseur, à lui morbleu ! l' pompon !

Mais en des jours plus doux à vivre,
En l'honneur des Chefs que voilà,
S'il faut qu'à la ronde on s'enivre,
Le Chasseur est encor bon là.
Amis, point de blague qui tienne;
    Dit'-moi, trouv'rait-on,
Dans tout' la garde citoyenne,
    Quelqu' chos' d'aussi bon :
Nos Officiers, à vous d'abord l' pompon !

L. REYBAUD, Chasseur.

IMPRIMERIE DE J. TASTU,
rue de Vaugirard, n. 36.

www.ingramcontent.com/pod-product-compliance
Lightning Source LLC
Chambersburg PA
CBHW061552050726
47595CB00009B/3793